育自・共育あらかると

親の願いと子どものこころ

北大路 BOOKLET 05

戸田有一

北大路書房

●はじめに

この本は、筆者が、父親として、かつ心理学を研究し教えている者として、感じたり考えたりしたことをつづったエッセイです。

子どもの発達や教育に関する心理学が専門だからといっても、一人ひとりの子どものことがつぶさにわかるわけではありません。もちろん、わが子についても、悩んだり怒ったり笑ったりの毎日です。子どものことで、家族であれこれ思い悩んだとき、幼稚園の担任の先生の「大丈夫ですよ」との一言に救われたことも、他の大学の発達心理学の教授に相談して安心したことも、たくさんありました。

そのわが子たちも上の子は中学生になりました。

「パパのダジャレ、さむいんだよね」

「そうそう。大学でも言ってんでしょ。学生さんはね、パパが先生だから笑ってくれてるんだよ」

一緒にテレビのクイズ番組を見ていて、ちょっと解説をすると、

「パパ、また、う・ん・ち・く」

「パパってさあ、わかんないときは、パソコンで、まだ調べてんのってくらい、みてるよね」

私は、負けていません。

「ダジャレはね、誰かを傷つける笑いよりも、よっぽどいいと思うよ。そもそも文学にはダジャレ

がいっぱいあるんだよ」
「また、うんちく？」
「パパは、こだわりがあって、ダジャレを言ってるってこと」

こんな親子の会話をしているわけですが、このパパのこだわりや願いを文章にして、多くの方に読んでいただいて「そう、そう」と共感してくださる味方を増やしたい。そんな思いで書いています。

縦書きの部分は、4月からはじまって3月におわっています。この部分は、サンケイリビング新聞社が発行する幼稚園児の保護者向け情報誌『あんふぁん』に連載された文章です。書いたけれども掲載されなかった分も、載せてあります。

季節感のある話題で、主に、幼稚園に通うお子さんのお母さんを対象に書かれています。もちろん、保育園に通う子のお母さんや、小学生のお母さんにも、読んでいただければと願っています。お父さんの中にも、共感してくださる方は少なくないと思っています。

横書きの部分は、この本のために書き下ろしました。父親や祖父の立場のことを中心に書いています。「プロムナード」としてあるのは、季節の変わり目に訪れた旅先の路地や散歩道での出会いを中心に書いているからですが、ムソルグスキー作曲『展覧会の絵』の、絵と絵の間のプロムナードの意味と重ねています。

子どもに「パパ、また、うんちく」などと言われてしまいそうですが、吹奏楽部にいた経験や、音楽の先生の人格と識見に影響を受けたことが、こういうかたちになっているのです。

この本のタイトルには、いろいろな思いが込められています。

「育児は、親が自分を育てることでもある。教育は、共に育つことでもある」という諸先輩の助言を、なるほどと思い、「育自・共育」としています。そして、「育自・共育あらかると」という主題は、私が鳥取に住んでいた頃、鳥取県内各地の小さな会場で、子どもたちの幸せを願うみなさんと共に、あれこれとお話をさせていただいたときの演題です。そこで、温かさと強さを学びました。副題の「親の願いと子どものこころ」には、互いに幸せを願いつつ、怒ったり、泣いたり、そして笑ったりする親子の日常のかけがえのなさへの思いを込めました。

この本は、心理学の知識をわかりやすく解説しているというものではありません。心理学の考え方や知識に触れていますが、気楽に読んでいただけるとありがたいです。

感想として、「へぇ」は1割で、残りは「そう、そう」という感じだと嬉しいです。

もくじ

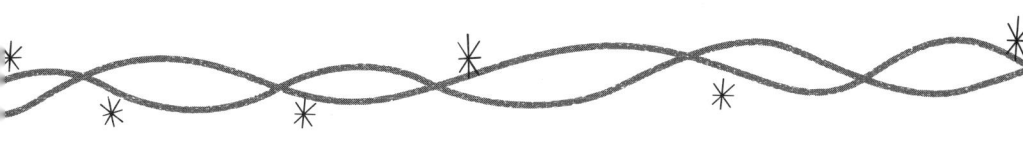

4月

幼児の「つもり」を楽しむ余裕

「ウルトラマンさんに、頼んでください」

おもちゃを部屋中に広げ、ウルトラマンごっこをしていた5歳のわが子に、来客直前にお片づけを頼んだら、そう言われました。さて、あなたならどうしますか。


「何言ってるのよ。誰が散らかしたの？」と叱るでしょうか。

「ウルトラマンは街を壊して、お片づけしないで帰っちゃうでしょ」と返すでしょうか。

あるいは「ウルトラマンさーん。お願いよー」と遠い宇宙に叫ぶでしょうか。

あるお母さんが「ウルトラマンさん、お願いします」とわが子に頼んだところ、お子さんは、「はい、わかりました」と、お片づけをてきぱきしてくれたそうです。


親のどのような応答が、子どものどのような気持ちや行動を引き出すのか、子どもの成長やそのときの気分によって大きく異なります。怖い顔をすれば、その場はしぶしぶお片づけをするかもしれません。でも、お片づけがつまらないものになるでしょうね。

ウルトラマンになって遊んでいた子が、一瞬、ホントの○○ちゃんに戻って「ウルトラマンさんに、頼んでください」と言い、またすぐにウルトラマンの「つもり」になって指令を待っている。「つもり」モードと「ホント」モードが短時間で入れ替わるのを、お母さんはどうしてわかったのでしょうか。

お子さんは、お片づけも「ごっこ」の続きでしたいという思いを、冒頭の一言に込めていたのかもしれません。その誘いを叱って拒否したり、妙に知的に返したり、モードの切り替わりを読みとれずに対応したり。それが私たちのよくあるパターンです。そうしなかったお母さんには、カンの良さだけではなく、心の余裕もあったのでしょうね。

子どもの意図や「つもり」をくみ取って遊び心で対応するのは、簡単ではありません。イライラしていたら、なおさら難しいでしょう。誰もが、いつでも、このように対応できるわけではありません。子育てを楽しむ少しの余裕と知恵が「つもり」に寄り添う対応になり、その結果、ストレスもためないですむ良い循環になるのでしょう。

さて、さきほどのお母さんが後日、言われました。
「子育てって、難しいのよ。これは使えるって思って、翌日も試したの。ウルトラマンさん、今日もお片づけお願いしますって。そしたら『お母さん、ボクはいま、ゼニガタヘージのオヤブンです』って。子育てはね、子どもとの知恵比べよ」
はい。勉強になりました。

育児期ストレス

「育児不安」「育児疲労」「育児ストレス」など、主にお母さんが抱えるしんどさが、いろいろな用語で表現されます。いずれもニュアンスの異なる大事な概念ですが、諏訪きぬ先生を中心としたグループで調査を行ない、論文や本を書いた際に、「育児期ストレス」という用語をつくりました。

「育児ストレス」という用語ですと、育児だけがストレスのもと（ストレッサー）であるという印象をもたれる可能性があるからです。

たしかに、育児はたいへんです。でも、それだけではなく、育児をする時期の、家事、仕事、ご近所づきあい、家族内の人間関係など、そのすべてがストレッサーなのです。たとえば、家事と仕事の両立だけでもたいへんなところに、育児がずしんと重なり、まるで育児だけのせいでしんどいかのように錯覚してしまうのではないでしょうか。それが実は、育児期のストレスなのです。

5月

先生の評判

「いい担任でよかったわ」

そんな声を聞くと、その反対の場合にはどう思われているのかな、と心配になります。若い先生のなかに、私の教え子もいるからです。

けれども、保護者としての率直な思いも、わからないではありません。

同じようなことを、管理職の先生も思っていることがあります。

園ではなく、ある公立小学校でのことですが、校長先生が苦笑いして言われました。

「1年間、給与はいらんから、自分で先生を選んで運営してみたい」

この校長先生にも「選べない」悩みとご苦労があるようです。

そして実は、担任の先生方も、ふと、管理職や保護者を選べたらいいのにと、思うこともあるのかもしれません。

教育はチームワークです。

担任が誰なのかで一喜一憂する思いに、同じ親として少し共感しつつ、「教育はチームワークなんだけどなあ」とも思います。「いい」担任は同僚や管理職に支えられています。一方で、みなが一生懸命でも、同僚と水面下で競争のみの関係になっていると、「いい」担任でいるのは難しいのです。そして、保護者が個々の先生の評判を言い合うほど、先生どうしの関係を、さらに競争的にしてしまいます。子どもに良かれと、先生について話し合っていても、それが逆効果になっているのです。

園を選んでも、担任までは選べなかったりします。先生と子どもや保護者とが、お互いを選び合えるのは、家庭教師くらいでしょうか。

相手を選べない。だからこそ、自分のいろいろな面を出して、相手のいろいろな面を出してもらって、いい出会いをつくることが大切なのでしょう。

たとえば、あるお母さんは、子どもの発達に関しての先生の一言に傷ついたのですが、その場では何も言わなかったと話されました。帰ってから、机に向かい、知的障害のあるわが子を、さまざまな工夫と周囲の人との協力のなかで育ててきた経緯と思いを、便箋5枚にぎっしりとつづって、先生に渡したそうです。面と向かって話すと感情的になりそうだったので、手紙にしたとのこと。そ

れを読み、先生が軽率な発言を謝り、そこから、子どものために一緒に考えていく関係ができたそうです。

言いたいことを陰でしか言えないならば、そういう関係はつくれません。かといって、先生を「信頼」してすべて任せればいいのかというと、そうではありません。子どもの状況や、今どんな経験をさせてあげたいのかを伝え合い、必要ならば要望などを出し合っても気まずくならない。それが本当の信頼関係であると思いますが、いかがでしょう。

伝えて深まる出会いがあることで、園の先生も私たち親も、育つのだと思います。

犯人探しではなく、キーパーソン探しを

かつて、ある世論調査で「現代の教育問題は、保護者・先生・子どもの誰に主な原因があると思いますか」などと問うているものがありました。私は、このような問いの立て方に、問題があると思います。

さまざまな要因が複雑に絡んで問題が生じているときに、特定の要因が主因であるという見方をすれば、それが正しく思えます。さまざまな色の糸が絡み合っているときに、そのうちの1本に着目すると、その特定の色の糸が、他の糸に絡みついているように見えてしまうのと似ています。

保護者に着目すれば保護者の、教師に着目すれば教師の問題点が見えてしまいます。そして、自分のことは見えにくいのです。

また、後ろ向きの原因探し、犯人探しだけというのも、いただけません。探すのは、犯人ではなく、事態を変えられるキーパーソンです。それは自分自身かもしれません。

6月

ひそひそ告げ口

「あの子ね、この前くさったショウボウジドウシャ描いたんだよ」

「腐った消防自動車」ってどんなものなのか、よくわかりませんが、5歳の女の子が、同じクラスの男の子を横目で見ながら、私の耳元でささやきました。大学院生だった私が、障害児らのための巡回発達相談員として、その男の子の行動を観察していたときのことです。

「えっ？」と戸惑い、何も言えませんでした。幼児が他児のことを否定的に言う場面にはそれまでも出会っていましたが、「これは、大きな声では言えないんだけどね」という、おとなのような雰囲気を感じたからです。


しかし、もっとショックだったのは、ふと、「なぜ、会ったばかりの私にわざわざ言ったのかな」と考え、あることに気づいたからでした。その男の子の近くに常にいて特別扱いしないように、遠くからちらちら見ていた私の視線を、その女の子は否定的な視線として読みとったのでしょう。

私の視線が否定的なラベルになっていたのです。

私たちおとなは、有名人や共通の知人のことを、不確かな情報をもとに、あれこれ悪く言い合ったりして、「自分たちはとりあえず仲良し」という雰囲気を演出したりもします。それと同じ方法で、この女の子は私と仲良くなろうとしたのかもしれません。とするとちょっと切なく思います。

では、幼児は、おとなのそんなところばかり、見たりまねしたりするのでしょうか。

数年前、大阪市の教育改革フォーラムでご一緒した先生の園を見学しました。4歳児クラスで「いいとこ、みつけっこ」という、互いのいいところに気づくことをうながす実践をされたとのこと。その様子をうかがいますと、子どもたちが、まず「自分が誰かにしてあげたこと」を主張し、次に「誰かに自分がしてもらったこと」を報告し、そして「誰かが誰かにしてあげたこと」に着目するようになったそうです。

また、「わるいとこ、みつけっこ」にならないための配慮も細やかになされており、感銘を受けました。

子どもたちが、自分の能力だけに着目するのではなく、「自分の行動が誰かのためになる」ことを重視することで、自己有用感が育まれるのではないでしょうか。また、仲間が仲間にしてあげたことに着目して、それを見つけた自分を誇らしく思えるような認めを先生からされて、「自分たちへの自尊心」も育っているようでした。

長所に気づく前に否定的な見方をしてしまうクセからの脱却はたいへんです。他人をおとしめる笑いや噂は、一部のメディアにあふれています。だからこそ「いいとこ、みつけっこ」の実践に救われる思いがしました。そして、自分がほめ上手な親になろうとするだけではなく、わが子のほめ言葉もうながそうと思いました。

自己有用感

自分がすることが誰かのためになると感じられることを、国立教育政策研究所の滝充先生は、「自己有用感」とよんでいます。自尊心や自尊感情という用語も、その感覚を含んでいるのかもしれませんが、自己有用感という言葉で、勝ち負けにこだわる競争的環境での自尊心とは違う、協働的環境での自尊心を強調できるように思えます。

別のある先生は、いじめられっ子に自己有用感を強調することで、使い走りを助長しないかと心配していますが、いじめっ子はたしかに、他者に喜ばれる自分を誇る感覚や、相手のつらい気持ちに共感できる情緒面に、問題があるのかもしれません。

「生き残り」「勝ち組」「負け組」という言葉を不用意に使う風潮が、子どもたちの自己有用感や共感性の発達を阻害しているように思います。おとなも、負けてもくじけず、勝ってもおごらない人が素敵ですよね。

起源をもつという迷信も打破されたと言えないでしょうか。少なくとも、チャールズ・ダーウィンは、自宅の執事などとも友人のようなつきあいをしていたようです。

満月の照らす道を、おそらく理想を語りながら歩いた２人の祖父。彼らが長生きしていたら、孫の名声に驚くとともに、自分たちの志に連なったことを喜んだかもしれません。

Sandwalk：ワシントン大学のWilliam H. Calvin教授のホームページより許可を得て掲載。
http://williamcalvin.com/bookshelf/down_hse.htm

初夏のプロムナード

2人の祖父の志●ダウン・ハウスの砂敷きの散歩道

ロンドン市内から南東部に向かう緑多い街道。19世紀半ば、産業革命による工業化で空気の汚れた大都市から、この道を通ってダウンという地域に引っ越したチャールズ・ダーウィン。その旧居が今、ダウン・ハウスという博物館になっています。

その庭園も、かつてこの偉大な学者が進化の理論をあたためた頃のようにしてあるそうです。1998年に一般公開された直後、ある博学の教授に誘われてこの博物館を訪れ、鬱蒼とした樹下の他の場所よりも少しひんやりとした粗い砂敷きの散歩道（Sandwalk）を、ひとりで歩いてみました。

何か所か蚊にさされてしまい、思索にふけるどころではなかったのですが、京都の哲学の道などと同様、歴史に残る大学者は散歩しながら理論を練ったのだろうかと想像しました。

うっかり博物館に出口から入って、最初にみやげ品コーナーに行ってしまったのですが、その品ぞろえを見て不思議だったことがあります。学術的な内容に関連したもののなかに、ウェッジウッド社製の陶器だけがたくさん陳列され、他社製の陶器がまったくないのです。

その理由は、展示の内容などを見ると、わかりました。

チャールズ・ダーウィンの2人の祖父が親友で、それぞれの息子と娘が結婚したのですが、母方の祖父が、ウェッジウッドの創設者であるジョサイア・ウェッジウッドだったのです。生物学専攻の方は、もしかしたらよくご存じのことなのかもしれませんが、私には初耳でした。

しかも、この2人の祖父が、「月夜の会（Lunar Society)」という、最先端の科学者などが月の明るい夜に集う会のメンバーで、奴隷解放のための運動も行っていたそうです。

彼らの孫が『種の起源』を世に出したことで、人種がそれぞれまったく別の

怒りも真剣さのあらわれ

「素敵な叱り方ね」

園での帰り支度が遅い子を「早くしなさいよ」と叱っている母親に、こんなふうに声をかけたら、どうなるでしょうか。

声をかけた人にその怒りが向けられ、「何？　いやみですか？」と言われるかもしれません。

ところが、それがいやみにならない方に出会いました。数年前に来日された際にお会いした、アメリカで人権保育に取り組んでいる博士です。母親として娘さんに接する際のユーモアと余裕に感嘆して、お話をうかがいました。

その博士は、さきほどのように親が子どもをひどく厳しく叱っている際に、「素敵な叱り方ね」などと声をかけるそうです。そのような声かけがいやみにならないのは、「人生を真剣に生きている姿は、それが怒っている姿でも、名演だし、美しい」と心から思い、包容力を感じる雰囲気と満面の笑顔で、それを相手に伝えているためだと思います。

怒りそのものは、自分を傷つける相手やことがらに立ち向かうため、人間に不可欠の感情です。また、子どもをまったく叱らないで育てるのは、おそらく不可能です。しかし、その怒りにともなう言葉や行動によっては、好ましくない結果になります。しかも、怒りが勝手にエスカレートすることも、怒っている自分に対して情けなさや怒りが込み上げ、小さなきっかけで大きな怒りが生じることもあります。

あるお母さんは、「何度言ってもわからない」と、わが子にいらだち、そんな自分が好きになれなかったそうです。そこで、さまざまな意見を参考にして自分なりに考え、子どもに求めることは毎週1つに限定。週の目標以外のことでは叱らないようにし、それがだいたいできたら次の目標を決めたそうです。

子どもを叱りつける背景に、いい子になってほしいとの、あふれる親の願いがあります。誰も悪くなくても、目標が高すぎると裏目にでます。ですから、その目標を変えたのは正解です。目標を1つにしぼることで、親の焦りもきっと減るでしょう。

また、叱ってしまったことにくよくよせずに、自分の気持ちを切り替え、叱りすぎたら謝り、子ど

もがしょぼんとしていたら許すことに、心のパワーを使ったとのことです。

「怒り過ぎてごめんね」「わかったら、いいよ」と、許されて再び泣く子を、抱っこしたそうです。

その切り替えが、私はなかなかできません。講義や講演のなかでは、子育てについてあれこれ語っている私ですが、わが子のことになると、また別なのです。

親としての自分にも完璧を求めないで、自分流の切り替え方を見つけたいと思います。

怒りに対処するための参考書

英国の学校で子どもたちの怒りの問題に対処してきた先生方が書かれた本を、私が翻訳し、1割ほど加筆・修正しました（フォーペル他著／戸田有一日本版訳『子どもをキレさせないおとなが逆ギレしない対処法』北大路書房）。「怒って泣きやまない幼児」に私が対処したときのエピソードや、参考になる文献も紹介しています。かなりわかりやすく訳したのですが、ちょっと難しい章もあります。

怒りに対して、「ひきがねを避ける」「事態の解釈を変える」「怒りの反応の初期を自覚し平静を保つ」の3段階で対応します。豊富なワークシートが、きっと役に立つでしょう。

8月

夏休みにうんざり

「ああ、また長い夏休みね」

そんなため息をつくお母さんも、少なくないようです。

【夏休み　暑い　うるさい　自分にない】

家事には夏休みがありません。そんなときは、セミの声もけっして風流ではないですし、子どもの歓声にもイライラするだけかもしれません。「小学生になったら宿題もあるのね」とため息をつく方や、「子どもが休みだと、朝寝坊になって生活リズムが乱れるわ」と言われる方もいます。

長い夏休みを、子どもを叱ってため息をついて過ごすのではなく、有意義にするためには、ちょっとした工夫が必要でしょう。たとえば、親たちが子育てを共同で行うのも、１つの方法です。

私が大学に就職したばかりのころ、首都圏のある大学の先生に教えていただくことがあって、ご自宅を訪問したときのことです。たくさんの小学生や幼児と親たちで、にぎやかでした。３組の親子が集まってお食事会をする日と重なっていたからです。

てっきり親戚の集まりと思っていましたら、幼稚園のときからの「共同子育て」仲間とのことでした。休日や長い休みには、一緒に出かけたり、庭でバーベキューをしたりしたそうです。親たちは、どの子も分け隔てなく叱るという約束をし、子どもたちは、本当のきょうだいのようでした。
小学校の高学年くらいから塾などで日程があわなくなり、なかなか集まれなくなったそうですが、素敵な関係だなあと思いました。

このような共同子育てには、さまざまなメリットがあるでしょう。何人かの親が子どもたちみんなを預かれば、他の親は出かけたり、一息ついたりできます。

子どもを叱る場合にも、他の親たちが見ていますし、叱る際のイライラも抑制されるでしょう。叱られた子も、いつもより素直に聞けるかもしれません。

また、親たちの個性の幅が、子どもたちの生き方のモデルの幅にもなります。何よりも、少し年上の子に影響を受けたり、年下の子の世話をしたり、ときにはケンカも仲直りもして、子どもたちは、人間関係の複雑さに対処する力をつけていくでしょう。

親世代のきょうだいが少ない場合や、いても遠隔地に住んでいる場合には、昔の大家族のような集まり方を、幼稚園などの気の合う仲間でするのもいいでしょう。やがてそれが、素敵な共同子育てに発展するかもしれません。もちろん、費用の公平さや事故の際の対処など、しっかり話し合っておくか、配慮し合える関係である必要があります。

共同子育てによって楽になる感じや、楽しさと難しさを試してみるのに、夏休みは絶好のチャンスかもしれません。

プレイセンター

共同子育ての1つの形であるプレイセンターは、0歳から就学前までの子どもとその親のための場所で、子育てを楽しみながら「家族が一緒に成長する」ことを目指しています。日本プレイセンター協会（http://www8.plala.or.jp/playcentre/）によれば、センターの運営方針は親たちが話し合いで決めます。運営の責任者であるスーパーバイザーに運営してもらうのではなく、参加するすべての親が主体となり、当番制でセンターの運営にあたります。

プレイセンターオリジナル学習プログラムで、子育てに関する知識・技術を親自身が学習し、やがてスーパーバイザーになることもあります。

少子化対策としてさまざまな子育て支援施策が拡充されてきましたが、それだけに頼るのではない、親たちの共同性の構築は、このような形でも可能なのかもしれません。

9月

お休みしたいの

「きょうは、幼稚園、お休みしたいな」

長い休み明けに、お子さんにそう言われたら、どうするでしょうか。

多くの方は、まず、体の調子が良くないのかなと推測するでしょう。実際に、子どもの体調が良くないこともあるかもしれません。休みの間に、生活のリズムが乱れていて、体が気持ちについていかないこともあるでしょう。しかし、病気でも何でもないのに、一度休んだあとに、幼稚園に行ったり行かなかったりの日々が続くこともあります。

そんなとき、もしかしたら不登校の幼稚園版だろうかと、心配する方もいるでしょう。

小学生や中学生の不登校は、今から20年以上も前から問題になってきましたが、幼児の不登園は、あまりメディアの話題にはなりません。しかし、私が数年前に学生とともにいくつかの県で調査したときにも、幼児の不登園の事例（その際には、2週間以上の欠席としました）は、けっしてめずらしくありませんでした。

小・中学生の不登校には、分離不安タイプ、優等生の息切れタイプ、甘やかされタイプ、無気力傾向、さらに非行傾向など、さまざまな事例があるようです。幼児の不登園にも、家族と離れられない分離不安タイプや、家族の生活リズムが著しく夜型になっているタイプだけではなく、優等生の息切れタイプも報告されていました。

たとえば、運動会の練習に過度に熱心になってしまった結果、運動会終了とともに燃え尽きてしまったと考えられる事例や、常に「良い子」であろうとして続かなくなり不登園にいたった事例です。

では、幼児が不登園になったら、どうすべきでしょうか。

基本的には、個別に丁寧に対応を相談する必要がありますが、まずは、保護者が焦って登園を無理強いしないことが大事でしょう。「行かなくちゃいけない（義務）、でも、行けない」と思わせてしまうと、しんどいからです。

義務教育の義務を、子どもが「学校に通う義務」と勘違いしておられる方もいます。正しくは、保護者が、子どもたちを工場で労働させるなどということなく、「教育を受けさせる義務」です。就学前教育も、受ける義務はありません。あわてずに、先生方とご相談いただきたいと思います。

不登園や不登校には、マイナスの印象が強いかもしれませんが、乳児期以外に、子どもと一緒の時間を過ごせるのは、とても貴重なことです。生きていることが第一で、あとは、学びも仕事も恋愛も、人生の彩りです。さなぎの時期にじっくりつきあって、蝶になるのを信じたいと思います。

義務教育と多様な場

憲法第26条に、次のようにあります。

1　すべて国民は、法律の定めるところにより、その能力に応じて、ひとしく教育を受ける権利を有する。

2　すべて国民は、法律の定めるところにより、その保護する子女に普通教育を受けさせる義務を負ふ。義務教育は、これを無償とする。

小・中学校などでの学びは権利であり、園での遊びも、子どもたちの義務であるはずがありません。しかし、園に行けないのでは、家族も、そして本人もしんどいでしょう。

だからこそ、学校や園だけではなく、地域のさまざまな場で、子どもたちが集い学べるように、行政もボランティア団体も、さまざまな努力をしています。子どもがどこに通っているかが大事なのではなく、どのような人たちと出会って、何をしているのかが、大事なのかもしれません。

天文学者と時計職人の切磋琢磨の結果は、さきほどの本を読んでいただくとして、その偉大な発明品が、かつてのライバルもいた天文台に展示してあるのが、なんとも微笑ましく思えました。

爽快な青空のもと、妻と義母と２人の息子を連れて、公園を歩きました。妻と当時３歳の兄のほうは天文台まで歩いていきましたが、私は歩き疲れて、１歳になったばかりの弟のほうを抱いて、義母と一緒にベンチに座って待つことにしました。

ぼーっとしている私たちに、笑顔の優しい白髪の紳士が声をかけてきました。香港の写真家で、息子さんがロンドンの大学に在学しているので来られたとのこと。「写真展に出したいので」と、私たちの写真を撮って、そのうちの１枚をくださいました。とってもお気に入りの写真です。

ハリソン父子の絆に接し、写真家の紳士と息子さんの姿を想い、私たち父子の将来の理想を心に描きました。

初秋のプロムナード

父子の未来●グリニッジ公園のベンチにて

テムズ川河畔にたたずむ貴婦人のような帆船カティーサーク号（最近、焼けてしまいました）からグリニッジの天文台に向かって歩くと、お洒落なアンティーク店などの並ぶ街並みを抜け、広い公園のなかの少し上り坂になった道を歩いていくことになります。

研究生活のための滞在中に天文台を訪れ、ダウン・ハウスにウェッジウッド社製の陶器があるのを疑問に思ったのと同様、天文台のなかの博物館に複雑な時計がたくさん展示してある理由がわかりませんでした。ちょうどその疑問を解決してくれる本が売られていました。難解な単語が多く、読むのに苦労しましたが、あとで和訳も出ていることがわかりました（デーヴァ・ソベル著／藤井留美訳『経度への挑戦』翔泳社）。

造船と航海の技術で覇権を争う時代に、海難事故を防ぐためにも、船の位置の緯度と経度を精確に知ることは極めて重要なことでした。当時、緯度は天体観測でわかったのですが、経度がわかりません。

そこで、イギリスが国家として賞金をかけ、多くの人々がこの難題に挑戦しました。出発地点の正確な時刻がわかれば、船のある場所の正確な時刻との差で経度が算出できるので、出発地点の時刻を知る方法が探求されました。

その出発地点の時刻を知るために、なかには犬の超能力を想定した眉唾もののアイディアもありましたが、有力だったのは、やはり高名な天文学者たち。しかし、月の軌道が単純な円軌道ではないため、計算の精度がなかなかあがりません。わずかの誤差が実測上は大きな差になってしまいます。

その頃、一部の天文学者に侮辱され、あるいは妨害されながらも、この難問に挑戦していたのが、懐中時計やその元型を創り上げた時計職人のハリソン父子でした。この偉大な時計職人の父子は、バイメタルなど数々の発明を重ね、改良に改良を加えていきました。

10月

顔をみる・人をみる

「とだえもん、ちゅき」

訪問先の園で幼児に名前を聞かれると、私は、戸田右衛門と名乗っています。「とだ……えもん？……どらえもん～？」と、元気な男の子に言われたりして、楽しいのです。

冒頭の一言は、障害児の発達相談のために初めて訪問した園で、朝から私にずっとくっついていた女児の一言です。1時間程そのままにしていたのですが、そろそろ相談対象児の行動を近くで観察しようと、その子に「離してね」とお願いしようとしたときでした。寂しそうな表情で見上げて、絶妙のタイミングでの一言。さらにしばらく、そのままにせざるを得ませんでした。

発達相談を終えて、そのできごとを園の先生に話すと、「あの子、家であまりかまってもらえてないみたいで。業者の人にも、甘えていくんです。愛情不足なんだろうなと思います」と言われました。保護者との話のなかから、家庭での様子が推測されるのでしょう。先生は、心から心配そうな様子でした。

「で、あの子、いっつも、顔をみるのよね」とも言われました。おとなの表情の変化に過度に敏感なようです。冒頭の言葉のタイミングは、偶然ではなく、私の表情の変化を読みとった結果だったのかもしれません。

「顔をみる」も、その園の簡便な表現でしたが、「この子、人をみるのよね」という言い方も別の園で聞いたことがあります。「顔をみる」は、相手の表情を、自分の行動の可否判断の手がかりにする様子をさしているようです。規則や約束よりも、おとなのそのときの判断が優先していると思われているのでしょうね。

それに対して「人をみる」という場合には、行動の可否判断に人による違いがあると見取って、幼児が、厳しい人の前ではしないことを甘い人の前ではするような場合に使うようです。

顔をみたり人をみたりするのは、過度でなければ、厳しい世の中を生きていくのに便利かもしれません。でも、幼児がびくびくした表情をしたり、あまりにも巧妙に動いたりする場合には、そうさせているおとなの言動を、振り返る必要があるのではないでしょうか。家の決まりや約束がころころ変わったり、おとな一人ひとりの厳しさに極端な差があったりしないでしょうか。

そんなときは、おとなも、たいていがんばりすぎているか、何かが不満だったりしています。高すぎる目標や期待をさげて、ほっとしたいものです。

そして、人生という劇を豊かに演じていくため、子どもに向ける自分の表情を、鏡の前で練習してみてもいいかもしれませんね。女児を離そうとしたときの私は「もう勘弁してよ」という表情だったんだろうなあと、反省しました。

愛着と愛情

必ずしも安心できない環境で、安心できる誰かの近くにいたいと思うのは、子どもでもおとなでも、よくあることです。でも、毎日通っている園で、初めて会ったおとなにずっとくっついているというような場合には、ちょっと心配になります。

このような安心の求め方の問題については、心理学では「愛着」の問題として研究されてきました。そのような研究について書かれたものを読みますと、周囲のおとなが多少困る程度であれば、前記の女児にもあまり問題はないのかなと思えます。

でも、幼いころの愛着のあり方は、将来、その人の愛情の形にも影響を与えるようなので、多くの安心できる関わりをつくってあげたいなと思います。研究の結果、幼児期のあり方と青年期の問題にあまり関連がない場合には、先生や地域のおとなたちが、ちょっと心配な子に優しく辛抱強く関わった結果かもしれないからです。

11月

ああ、お片づけ！

「また、片づけてない！」

次々と新しいことに興味をもって遊ぶ子どもたちにとって、お片づけは大の苦手。「なんで、私ばっかり」とぶつぶつ言いながら片づけつつ、「自分もお片づけが嫌いなんだな」と自覚したりしませんか。

家事のなかでも、お掃除・洗濯・食器洗いなどは、どんなにがんばっても、きれいな時間はごくわずか。あっというまに、洗い物はたまり、ごみも出ます。賢い収納や節約を工夫しても、それが正当に評価されないことも多いようです。

そんなとき、遊びに出かけた子どもが散らかした部屋の片づけが、「最後の麦わら」（30ページ参照）になったりします。

片づけをどのくらいきちんとするかは、汚さ・乱雑さにどのくらい耐えられるかとも関係があるように思います。子どもたちも、片づけの約束を守れていない場合もありますが、「これはキレイのうち」と思っている場合もあります。ちょっとだけ、散らかっているのを我慢できないでしょうか。もしも散らかっているのを放置できないときには、子どもの机ならば布などで覆っておいて、あとでお片づけさせてもいいかもしれません。

あるお母さんは、子ども部屋の乱雑さにほとほとあきれながらも、その子自身がほしいものが見つからないなどで困るまで、放っておいたそうです。子どもがほとほと困った時点で「片づけておかないと困るでしょ?」と優しく確認して、一緒にお片づけをしたとのこと。ここで責めたり説教したりしなかったところが見事です。

お片づけは、言われてするものではなく、自分が困るからする。そう学習した子は、徐々に自分でお片づけをするようになるでしょう。

では、もう1つの場合について、考えてみましょう。

「なんで、ぼくだけにさせんの?」

さきに遊んでいて外に出て行った弟のほうがこのおもちゃでいっぱい遊んだんだから、弟が片づけるべきだと主張されたら、どうしますか。「最後に遊んだ人がする」ルールやら、「年上がする」ルールやら、「お母さんの言うことはきく」ルールや

ら、いろいろなルールが出てきそうです。
まずは、自分があまりにも場当たり的にルールを口にしていないか、反省する余地があるかもしれません。そして、そんな場合にどうすれば公平なのか、何かの機会に話し合ってみましょう。その結果、お片づけをするようになることも大事です。しかし、子どもと「公平さ」について考え、一緒にルールをつくったり確認したりしていく経験をすることのほうが、もっと大事なことではないでしょうか。

お片づけは、子どもの成長の大事な契機でもあるのです。

最後の麦わら（the last straw）

あるところに辛抱強いラクダがいました。そのラクダの持ち主はラクダにたくさん荷物を積ませて運ばせていましたが、もっとたくさん、もう少しいけるだろうと、どんどん積荷を増やしました。ある日、そうやって積荷を増やし、「麦わらをもう1本」と載せたときに、ラクダの背骨が折れてしまいました。「たった1本の麦わらで、なんて情けない」と、その持ち主は言いました。

私たちの日常にも、同様のことがあるかもしれません。自分が相手に頼んだことはささいなことでも、その人は、多くの人にたくさんのことを頼まれているかもしれません。「仕事は忙しい人に頼め」とも言いますが、限度があります。また、逆の立場で、小さな頼みごとを断りにくい人は、この格言を広めておいて、「ごめん、ラスト・ストローなんだ」と言いたいですね。

12月

サンタの秘密

「あのサンタ、園長先生やで。スリッパ見てみ」

サンタの来訪を喜ぶ友だちに「ホンモノだと思ってんじゃないだろうな」という表情で、4歳の男の子が得意げにささやいていました。言われた友だちは「わかってるよ、そんなん」という感じの横目。その様子をうるさいと叱るのでもなく、冷めた眼で見るのでもなく、微笑ましく見守る、先生や保護者の笑顔も素敵です。小学生になると、サンタの真偽をめぐって、子どもたちの議論がとびかうこともあります。

さて、先ほどの4歳の男児が「あのサンタ」と限定してニセモノだと主張していることが、おもしろいと思います。園にくるサンタの正体がわかっても、他のすべてのサンタがニセモノである証拠にはなりません。存在を全否定する証明は、非常に難しいのです。

子どもに夢を与えるために、自分も少しだけ童心を思い出しながら、わが家でもあれこれ工夫しています。サンタのホームページに、子どもの名前と欲しいプレゼントを記入。完了すると、ホームページに子ども宛のサンタの手紙があらわれます。子どもは大喜び。

しかし、その希望の品が高価なので、私が「それ、もらえないと思うよ」と値段の限度を言うと、「え、○○君は、もっと高いのもらってるよ」と。あわてて思考をめぐらせて「あのね、サンタさんにプレゼントをもらうには、会費を払ってサンタ会員にならなくちゃいけなくてね。うちは真ん中くらいのB会員だからね。○○君のところは、A会員なんじゃないかな」と、苦しい言い訳。

遅かれ早かれ、どこかで説明が破綻するか、友だちの説明と矛盾するかで、サンタの真実が疑われそうです。

「誰がサンタかわかったとき、すごいショックでした」

学生からそんな思い出を聞くと、どうやってショックを緩和するのか悩みます。

「いじわるでしてるんじゃないんだから、いいのでは」という意見に、ちょっとほっとします。親がサンタだと疑いつつも、合わせてくれている子もいるのかもしれません。イライラすることもある日常ですが、お互いの思いやりと駆け引きの彩りで、少しほっとしたいものです。

ところで、サンタって絶対いないのでしょうか。仕事帰りにデパートに飛び込んで、買いたいおもちゃがちゃんとあったのは、もしかしたら……。また、安全で楽しいおもちゃを作っている人は、サンタに似ているのかもしれません。

子どもたちには、温かい気持ちや夢を忘れず、判断力もある子に育ってほしいですね。

「不思議」と立ち向かう子どもたち

「光る泥だんご」などで有名な、京都教育大学の加用文男先生が、サンタクロースの実在をめぐる子どもたちの議論や、不思議を探求する心について論じています。

その論考が収められた本（菊池聡・木下孝司編著『不思議現象子どもの心と教育』北大路書房）では、他にも、簡単に真偽判断ができないことについて、子どもたちがどのように立ち向かい、また、あるときには影響されてしまっているのか、心理学者たちが論じています。

UFOや前世、血液型性格判断、俗信などについて、おとなも一緒に考えてみたいものです。

虐待をして、あるいは仕事を得られずに、母子を冷たい路地に座らせてしまう父親。そんな父親を責めるのは簡単です。しかし、その背景の社会の状況、そして個々人の歴史を知り、それを少しでも変えていこうとする人々のことばは、明るく、また重いものでした。

Butterslip：キルケニー写真家協会のTrevor Ogilvie氏撮影。
http://www.pbase.com/kilkenny_photo_society/image/46147324
http://www.pbase.com/trevor_ogilvie

初冬のプロムナード

父親の責任●キルケニーの中世の石畳の路地

「チェンジ、プリーズ」
かすかに氷雨降る、アイルランドの古都キルケニーの中心街。どんよりとした雨雲が覆いかぶさる、中世からの石畳の狭い路地（Butterslip）。下り坂の段差に座り、幼児をひざに抱いた女性が、コーラの赤い紙コップを差し出しました。小銭（チェンジ）を求める、その顔は無表情です。
もう一方の手で幼児の顔をさすっていますが、子どもの目はうつろで、皮膚に血色はありません。母親の目も、厚い雲と同じ色をしていました。

そのような母子に３組出会いました。みな若く、「子どもがかわいそうではないか」「働くこともできるのではないか」と当時の私は思いました。

父親は別の路地でギターを弾いてコインを集めていることもあるそうです。あるいは、父親の家庭内暴力から逃れてさまよっている場合もあるそうです。いずれにせよ、寒風にさらされている幼児は、こんな日々を望んでいるわけではないと思います。

キルケニーで行われたアイルランド心理学会では、このようなホームレスの問題だけではなく、深刻な家族問題に対処するための真剣な議論がなされていました。薬物依存の親50人あまりへの面接と親子関係回答票によるデータに基づいての発表もありました。薬物依存の親がどれだけ子どもの教育に関われているのかということについて、関与の度合いは低いであろうことは推測できるのですが、当事者の生の声は、深刻さが浮き彫りになっていました。
問題は多様で深刻だけれども、その問題を見つめ、取り組み、あきらめていない発表者たちの声とまなざしに、崇高さを感じました。

大飢饉や英国によるたび重なる侵略の歴史をもち、文学とウィスキーやビールの歴史を誇る国の人々は、その重さと誇りを、学会の夕食会の際に陽気に語り、反骨精神と本物へのこだわりを感じさせてくれました。

1月

男の育児参画

「父親の育児参画」が、母親の育児期ストレスの緩和に大切な役割を果たすということは、調査結果からもうかがえますし、日常の経験からも推察できます。

「参画」とは「計画段階からの参加」を意味するようですが、これが相当に至難です。長い通勤時間にため息をつき、子どもの寝顔にほっとし、休日にやっと子どもの相手をする父親。私も、そんな父親のひとりです。子どもと一緒の時間を十分にとれているとは言えません。寂しいですし、妻の負担も気になります。

では、母子家庭や父親が単身赴任をしている家庭（これらをあわせて「父親非同居家庭」とよぶことにします）では、父親の育児参画が期待できないわけですから、母親の育児期ストレスは高いのでしょうか。

私たちがかつて行なった調査では、父親非同居家庭の方たちは、むしろ、ストレスが「あまりない」方向に回答していました。もしかしたら、父親に育児参画を期待できないために、不満ももちようがないのかもしれません。あるいは、弱音も言えないほど、自分を励ましてがんばっているのかもしれません。

そのような、自分たちが行なった調査を振り返り、そもそも、この「父親の育児参画」という着眼が適切であったのかどうか、反省しています。

たとえば、父親だけに限らず、子どもの祖父やおじさんや年の離れた兄などが、父親的な役割を果たしている場合があるからです。そしてまた、自分の親族ではない子どもたちにも、ボランティアなどで親身に関わる男性もいるからです。

一方で、家族のために必死で働きながらも、父親としてわが子に関われていないことを嘆く男性も少なくありません。残念なことに、そのような方たちのなかには、「わが家は母子家庭みたいなもんで……」と自らの忙しさを自嘲あるいは自慢される方もいます。

その発言を、母子家庭の方が聞いたらどう思われるでしょう。発言した方の配偶者も、そのような言い方を快くは思わないでしょう。

私自身も、ひとり親家庭の状況を、わかったつもりにならず、わからないと開き直らず、少しでもわかるための努力をしたいと思います。難しいことですが……。

父子家庭の奮闘

スナックで知り合った若い女性と親密になり、長年暮らした家族と別れてその女性と一緒に。親戚中からあきれられて見放され、娘が生まれたあとにまた別れ……。そんな50代後半のMさんに出会ったのは、鳥取の大学に勤務していたころでした。

Mさんは2度目の離婚後、家事もこなし、子どもを園に送ってから会社に通う日々になりました。残業があるため、子どもの迎えは人にお金を払って頼んでいました。しかし、その人が忙しいときには先に帰ることになり、仕事を続ける部下にどうしても気がねがありました。

娘が小学1年生のとき、離婚した母親が親権の移動を求め裁判所に提訴。父親がPTAの会合などに出ていないので「親としての義務を果たしていない」と言ってきました。裁判対策と参観などに行けるように、夜働くことを決意。しかしそうすると、夜、娘を独りにすることになります。そこで、イカ釣りの船を購入し、子づれで漁に出ることにしました。

「釣りが趣味だったが、まさか仕事になるとは思ってもみなかった」とMさんは苦笑いして話してくれました。

帰った娘に食事をさせてから出漁し、登校時間に間に合うように帰らなければならないので、他の船よりも操業時間は短くなってしまいます。生活のために、少しぐらいの時化（しけ）でも出漁します。小さな船は大波の中に「潜水艦のように」つっこんでいくそうです。娘はそれでも父親と一緒にいたいので、狭い船室で眠っています。年金生活に入っても、イカ釣りを続けないと生活できません。

「この年だときついですよ」とMさんはコップの酒を飲みほしました。

Mさんに出会ってから、私も少し変わりました。日本海沿いの国道を走りつつ、イカ釣り漁船の灯を見ると、以前は単に美しいと思うだけでしたが、Mさんに出会ってから、無事と豊漁を祈るようになりました。

Mさんの生活は、自業自得といわれれば、そうかもしれません。けれども、あれから10年以上経った今でも、私は、Mさん父娘の幸福を祈る思いです。

2月

オニはソト？

豆まきやひな祭りなどの伝統行事を、さまざまに工夫して実施している園もあります。ある園では、年長児がオニのお面をつけて年少児のクラスにプレゼントを持っていく実践をしたそうです。喜んでもらおうと行くのに「こわい」と泣かれて豆をまかれ、年長児も泣きそうになって帰ってきます。「じゃあ、どうしようか」と話し合い、もう一度出かけていくなかで、年長児は見かけで決めつけられる経験を乗りこえ、年少児は見かけでの判断を変える経験をするようです。

子どもの気持ちが大きく揺れ動く実践は、家庭の協力と保育者の配慮が不可欠です。また、差別を一時的に経験する実践の是非に関しては、多様な意見があります。しかし、前述のような免疫づくり的実践は、子どもがいじめをしない力や、いじめに負けない力にもつながると私は思っています。親である私たちも、子どもの姿に学び、人間関係のもつれからのストレスを減らしたいものです。

オニも悪者扱いされることが多いですが、オオカミも『3匹のこぶた』などで、悪者扱いされています。特定のキャラクターを悪者と決めつけることから、子どもへの影響が懸念されることもあります。『3匹のこぶた』の場合、欧米風のレンガの家が木造などの家よりいいというような暗黙の偏見を感じたりもします。子どもに読んで、その後は子どもの想像・解釈に任せていいとは思えません。

では、どうしたらいいのでしょうか。

私がおすすめしたいのは、『3匹のこぶた』を読んでから、『3びきのかわいいオオカミ』など、オオカミが悪者ではない絵本を読む「あわせ読み」です。

ある絵本からの偏見を、別の絵本でくずすわけです。そのような経験を通して、さまざまな偏見への懐疑的態度を養っていけるのではないでしょうか。

偏見にあてはまらない例外に接することで、偏見がひっくり返されたり、緩和されたり、少なくとも「いろいろなんだな」とわかったりします。

ものごとを単純に決めつけるのは、考え方のクセのようなものです。そして、そのクセは、「みんなが」私に優しくないとか、「何をやっても」うまくいかないという思い込みの背景にもあり、怒りや落ち込みにつながります。

偏見やストレスは「心のもちよう」ですべて解

決できるわけではありません。しかし、おとなの考え方のクセを直し、子どもたちにも偏らない考え方をしてほしいですね。

オオカミも人間も、そして自分自身も、悪いとかダメだとか、決めつけられるものではないですよね。

かわいいオオカミ

オオカミが悪者ではない絵本は意外に多くあります。

＊ユージーン・トリビザス文／ヘレン・オクセンバリー絵『3びきのかわいいオオカミ』（冨山房）
＊木村裕一作／あべ弘士絵『あらしのよるに』のシリーズ（講談社）
＊カザ敬子文・絵『おおかみのチキンシチュー』（西村書店）
＊さくらともこ作／いもとようこ絵『ともだちほしいなおおかみくん』（岩崎書店）
＊ささきまき作・絵『やっぱりおおかみ』（福音館書店）
＊ペーター・ニックル作／ユゼフ・ウィルコン絵『やさしいおおかみ』（フレーベル館）
＊ジョン・シェスカ文／レイン・スミス絵『三びきのコブタのほんとうの話』（岩波書店）
＊小沢昭巳作／川端順子画『一人ぼっちの狼と七ひきの子ヤギ』（ハート出版）

他にもあると思います。オオカミが悪い意図をもっていたのに改心する物語や、もともと優しい設定の物語など、実に多様です。

3月

園もふるさと

3月は、卒園する子にとって、園とのお別れの時期。違う小学校に行くお友だちとは、もう、なかなか会えないかもしれませんね。園の楽しい思い出を、いつまでも忘れないでいてほしいと願いますが、どのくらい覚えていてくれるのでしょうか。

実は私は、幼児期からの記憶が、断片的ですがいまだに鮮明に残っています。結婚して隣町に引っ越した担任の先生。その新居に、小学校1年生の同級生数人でバスに乗って出かけていったときの緊張感と再会の嬉しさも、です。故郷に帰省すると、その先生の実家の洋品店の前で、懐かしい思い出が蘇ります。

園や学校の建物は思い出を呼び起こしてくれます。そして、なぜか歳をとらないように見えてしまう懐かしい先生に会うと、昔の自分に戻るような気持ちになりませんか。

園は、幼児期の思い出のふるさとでもあるのです。

卒園児たちは、園の先生や在園児ともお別れですが、自分の幼児期ともお別れです。

私たち親も、幼児の親から小学生の親にバージョンアップです。今まで、親の言うことに従っていた子も、「この前言ったことと違う」とか、「子どもにばかり……」と言えるようになります。そのような意思表明ができるようになった成長を喜び、命令型の言葉を減らし、話し合い型の対話を増やす必要があるようです。

私たちは、人生のある時期を生きながら、さまざまな時期の人々に出会っています。乳幼児や児童に接しつつ、自分が子どもであったころに思いをはせたり、違いを感じたりします。人生の大先輩の体験談をうかがい、その苦楽を越えた語りに感銘を受けたりします。

子どもたちは、私たちを見て、人生のいろいろな時期をどうとらえているのでしょうか。幼児は、どんな将来展望をもっているのでしょうか。自分はいつまでも小さいままで、お母さんはいつまでも今のお母さんのままと思っているのかもしれません。「お母さんとケッコンする」という子は、自分だけ大きくなって、お母さんは今のままと思っているのかもしれませんね。

卒園のシーズンは、そんな人生のイメージについて、しみじみと考える時期でもあるかもしれません。

ひとつ提案があります。
この卒園の時期に、子どもと一緒に、未来の自分たちにお手紙を書いて、大事に保管しませんか。将来、子どもが巣立つときに、渡してあげられるといいですね。時間を振り返るとぬくもりがあり、将来を見渡すと希望がある。卒園は、そんな思いを深めるチャンスなのです。

人生の段階図

ベルギーのゲント市の民俗博物館で、約百年前の子育ての品々の展示のなかに、興味深い説明図を見つけました。

昇って降りる階段に、10代から90代までの人生の姿が描かれています。その階段の左最下段脇に乳児、右の最下段脇に首をうなだれた老人、その間に楽園が描かれています。階段の最上段は50代です。

この図には男性版と女性版があり、くっきりとジェンダー観が反映しています。人生の絶頂期はともに50代で、男性は誇らしげに書類を手にするなど、名誉への道を歩んでいるようです。

しかし、男性の図では家族が20代と30代にしか登場しないのに対し、女性は20代から80代まで家族と一緒です。最晩年には、女性には天使のお迎えがありますが、男性にはありません。

女性版の図のほうが幸福に満ちているように見えるのは、私だけでしょうか。

マドリッドからバスで移動し、周辺のほとんどを河で囲まれた天然の要塞都市トレドへ。スペイン内戦時には軍人であふれた旧市街の複雑な街路は、迷路のようでした。

言葉の通じない国では、一言が通じたときは本当に嬉しいのですが、言葉がわからなくとも伝わるものの大切さを強く感じられ、幸せになります。

トレド旧市街を囲む広い道の坂の上にこぢんまりした平屋と葡萄棚とベンチのある庭があり、道との境のない庭先で会った老夫婦とも、言葉はお互いにわかりませんでした。ただ微笑みあっていると、おばあさんが自分の顔を指さし、そして私の目を指さして、とっても嬉しそうに短いフレーズを繰り返します。戸惑う私に、同行の先輩が、「目の色が同じってことじゃないかな」と推測してくれました。

表情、しぐさ、踊り、音楽などが、わかりあうための約束事の比較的少ない手段であるだけではなく、懐かしい気持ちでの通じ合いをつくってくれるように思えました。

初春のプロムナード

言葉がなくても伝わるもの●スペインの街角での出会い

マドリッドでもトレドでも、狭い石畳の道が、人や歴史との出会いにつながっていました。

スペインへの旅は、ヨーロッパ諸国の研究者との会議に参加するため日本人の先輩研究者と一緒でしたが、会議以外の場では、習ったことのないスペイン語での意思伝達に苦労しました。スペイン料理とフラメンコを堪能できるタブラオに予約を入れることなどとてもできませんでした。おそらくマドリッド市内の人気店だったのだと思いますが、行列のできた入り口で、身振り手振りで交渉しました。結局、どんどん行列の後ろにまわされ、夜10時頃にようやく入って座ることができました。

入り口から地下に階段を下ると、たくさん並んだ小さなテーブルを囲み、食事を終えた先客たちが踊りの華にフラッシュを浴びせていました。音粒のそろったギター、それにぴったりあった歌と踊り。一流を感じさせるものでした。

そんな夜中に子どもの声がします。見ると、子どもも一緒の控え室のドアが開けたままにしてあり、そこでおとなの笑顔と喝采の中で小学校低学年くらいの２人の女の子が、普段着でニコニコして踊っていたのです。

その光景に、マドリッド市内のいずれかの美術館で見た絵を思い出しました。それは、２歳か３歳くらいのはだかの男の子がフラメンコの身振りをしているまわりで、フラメンコ衣装の母親と伯母らしき２人が泣きそうな笑顔で手をたたいている絵です。

奥の部屋にいた子どもたちは、このタブラオのフィナーレのときには、椅子を舞台脇の片隅に運んできて、おそらく親やそのきょうだいであろう踊り手たちの踊りを真剣に見ていました。団体客らしき集団が帰ったあと、深夜１時の閉店まで残った観客たちは写真も撮らず、話もしないで舞台に見入っていました。しかも、舞台の迫力の違いで拍手の量が異なります。そのような場に同席することで、親たちから子どもたちに、単なる技術以上のものが伝わるのかもしれません。

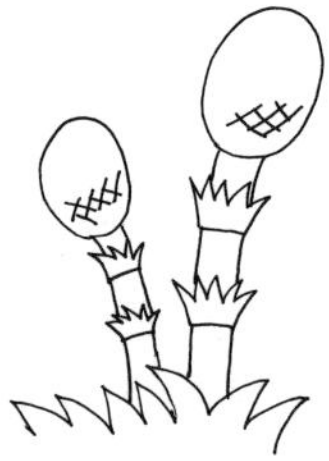

ほそく

ストレスとじょうずに付き合うために

ストレスなしに暮らすことは、私たちには不可能です。ご近所の物音や、友人や親戚との人間関係もストレスのもとになります。そのストレス状況に対応する仕方のことを、専門用語で「コーピング（対処）」といいます。ラザルスという研究者の分類では、次の8つの対処パターンがあります。

・問題から逃げる
・問題を見ないようにする
・問題と対決する
・責任を受容する
・計画的に対応する
・誰かに助けを求める
・自己コントロールをする
・そこに意味を見いだす

あなたはどの対処パターンを主に使っているでしょうか。いつもの対処で何とかなっているならば、当面は問題なさそうですね。ただし、いつも同じ対処パターンだと、解決が先送りになっているだけかもしれません。
また、行き詰まったときには、今までの対処パターン以外に対処の方法がないものか、検討する価値はあると思います。

問題に直面したとき、「原因は？」「誰のせい？」と考えてしまうことも、私たちにはあることです。原因を追究することが、効果を発揮することもあります。しかし、さまざまな原因が複雑に絡んでしまい、解きほぐせないこともあります。そんなとき「過去のことは、おいておく」手法の考え方が参考になります。「ブリーフ・セラピー」というのですが、基本的に、次のような順番で考えます。

①今、一番困っていることは、何なのか
②それがどうなると、解決したと思えるのか
③その解決に向けて、まずは何をしたらいいのか

過去にこだわるのではなく、うまくいきそうな小さな一歩を一緒に考えて踏み出そう、ということです。

こころの問題がこじれてしまったら、信頼できる医師やカウンセラーなどに相談するのが良いでしょう。けれども、小さな問題に自分で対応したいときは、セルフ・ヘルプ、ロール・レタリング、認知カウンセリングなどのキーワードで、本を探してみることをおすすめします。

これらは、人々の知恵を整理し洗練させた手法です。私たちの日常の対処の仕方に、工夫や自信をもたらすヒントが、そこにあるかもしれません。

自分を変えるか社会を変えるか

ここまでで、紙幅の関係などのために書けなかったことがあります。それは、ストレスに対処するために「自分が変わること」以外の選択肢です。それは「周囲の人を変える」、あるいはさらに広く「社会の仕組みを変える」ことです。

私が書いてきたことも含め、心理学のテクニックには、「自分を変える」ことばかり強調するものもあります。それはともすると、オルダス・ハクスリーのSF小説『すばらしい新世界』の錠剤「ソーマ」のように人々の悩みを解消し、社会のあり方に批判の目を向けさせないトリックになってしまいます。

とはいえ、思い通りにいかないのは「世の中が悪いせいだ」と考え、他者を害するようなことも、けっして許されません。

「自分を変える」ことは、「周囲の人や世の中とともに、少しずつ変わっていく」ための第一歩にしたいと思います。

●おわりに

教え子がいっぱいいますと、嬉しいことばかりではなく、悲しいことにもたくさん出会います。この本の中では、その悲しさの部分は、ほとんど書いていません。いつか、その悲しさも書ける自分になりたいと思いますが、今回は、楽しい話やかわいい話を中心にしました。

この本は、「たちまち○刷！」というような本ではありません。今まで出会った方々にお礼の気持ちを込めて贈呈するような気持ちで書いています。ここまで読んでくださった方にも、そのお礼の気持ちで締めくくりたいと思います。本当にありがとうございました。

この本は、北大路書房のブックレットの5冊目です。今まで発刊された本のうち2冊に、私もかかわっています。

ブックレットだけではなく、私が大学院生の頃から本の出版でお世話になっている関一明さん、このブックレットのシリーズでお世話になっている柏原隆宏さん、そして、『あんふぁん』連載においてお世話になった天ヶ瀬美佐子さんをはじめ編集部のみなさまに、心より感謝申し上げます。

また、イラストレーターの浅羽壮一郎さんが、とてもよい雰囲気で、かつ、文章をやわらかく感じさせるイラストを描いてくださったことをありがたく思っています。

日本の若いお父さんやお母さんのためになればとおっしゃって、写真の掲載をご厚意で許可くださった方々にも、心よりお礼申し上げます。

最後に、さむいダジャレのパパとつきあってくれている家族に、お詫びと感謝を申し上げます。

戸田有一

2008年6月

【著者紹介】

戸田有一（とだ・ゆういち）

1962年４月28日生まれ　大阪府枚方市在住
大阪教育大学教育学部准教授　専門は教育臨床心理学

さまざまな学校や園に通って先生方と実践の智恵をまとめ、次の世代に伝えたり、国境を越えて伝え合ったりしています。英国やオーストリアのいじめ問題の研究者と共同研究をし、ロンドン大学客員研究員、ウィーン大学客員教授として交流を重ねてきました。学生の前では偉そうなことを言っていても、自分の子ども時代の「わるさ」をご存知の恩師の前では、いまだに緊張します。生まれは長野県で、第２の故郷は鳥取県です。

http://kenkyu-web.bur.osaka-kyoiku.ac.jp/Profiles/0003/0000267/profile.html

北大路ブックレット【05】

育自・共育あらかると
親の願いと子どものこころ

2008年７月１日　初版第１刷印刷
2008年７月10日　初版第１刷発行

定価はカバーに表示してあります

著　者　戸田　有一
発行所　㈱北大路書房

〒603-8303　京都市北区紫野十二坊町12-8
電　話　(075)　431-0361㈹
ＦＡＸ　(075)　431-9393
振　替　01050-4-2083

印刷・製本／モリモト印刷㈱
検印省略　落丁・乱丁はお取り替えいたします。
ISBN978-4-7628-2608-5　Printed in Japan

北大路ブックレット　好評発売中!

北大路ブックレット【01】

非暴力で世界に関わる方法　心理学者は問いかける

伊藤哲司　著

暴力のない平和な世界実現のために私たちはどう関わっていけるのか？　『こころのノート』，イラク戦争，テロ問題，ベトナム戦争，国内でも起こっている身近な暴力の問題，憲法９条の問題などについて，社会心理学者が高校生に語りかけた講演録。３人の高校生の意見，国際的写真家・中村悟郎氏の写真も収録。

ISBN978-4-7628-2488-3

北大路ブックレット【02】

学校ＤＥブックトーク　いつでも，どこでも，だれでもできる

笹倉　剛　編集，北畑博子・蔵元和子・曲里由喜子・山花郁子　著

テーマを決め，その本の面白さを順序だてて紹介する「ブックトーク」。図書館員や専門家のみに実践されていたブックトークの魅力と技法を，第一級のブックトーカーが「教育現場」に焦点を当ててやさしく解説した入門書。子どもと本とのつなぎ方や教科学習への組み込みのヒントが満載。

ISBN978-4-7628-2567-5

北大路ブックレット【03】

教育関係者が知っておきたいメディア対応　学校の「万が一」に備えて

阪根健二　著

子どものいじめ自殺，教師の不祥事など，学校での事件・事故は常に高い関心を集め，新聞をはじめ各種メディアで報道される。学校側が対応を誤れば，過熱報道や不信感を招くばかりでなく，真の問題解決を遠ざけてしまう。教育もメディアも知り抜いた著者が，メディアの実態をふまえた具体的な対応策とスタンスを伝授する。

ISBN978-4-7628-2581-1

北大路ブックレット【04】

これほどまでに不登校・ひきこもりを生み出す社会とは何なのか？

中原恵人・伊藤哲司　著

不登校・ひきこもり問題の本質とは何か？　その「解決」とは何を指すのか？「当事者の心の問題」「学校・家族の問題」に偏った論調に「社会」の視点を持ち込み，新たな展望を切り開く。独自のスタイルで不登校・ひきこもり問題に取り組むＮＰＯ法人理事長と，多様なフィールドに関わり続ける社会心理学者の熱いトーク。

ISBN978-4-7628-2597-2

いずれもA5判・64ページ・定価735円